Cet ouvrage comporte 3 parties :

1. Choix de médailles antiques d'Olbiopolis ou Olbia, faisant partie du cabinet du Conseiller d'État de BLARAMBERG à Odessa... - Paris, 1822. 64 p., 22 pl.

2. BLARAMBERG (de). - Notice sur quelques objets d'antiquité découverts en Tauride dans un Tumulus, près du site de l'ancienne Panticapée. - Paris, 1822. 31 p., 1 pl.

3. STREMPKOVSKY (I. de). - Notice sur les Médailles de Rhadamsadis, roi inconnu du Bosphore-Cimmérien, découverts en Tauride en 1820. - Paris, 1822. 19 p., 1 pl.

Un double existe de la 1ère partie

NOTICE

SUR QUELQUES OBJETS

D'ANTIQUITÉ,

DÉCOUVERTS EN TAURIDE.

AVIS

DU LIBRAIRE-ÉDITEUR.

Nous pensons que la description qu'on va lire, des objets d'antiquité trouvés dans un de ces *Tumulus*, ou tertres funéraires, si communs en *Tauride*, ne pourra qu'exciter la curiosité du public, et encourager à de nouvelles recherches l'auteur de cette description, que ses connaissances et son séjour à *Odessa* rendent plus capable que personne d'en apprécier l'importance et la valeur.

Un savant Académicien, qui a publié tout récemment un recueil précieux d'*Antiquités grecques du Bosphore*, a bien voulu se charger de diriger, à raison de l'éloignement de l'auteur, l'impression de cette *Notice*, et y ajouter quelques notes que le lecteur distinguera de celles de M. de Blaramberg, par les initiales R.-R., du nom de cet Académicien.

Nous publierons incessamment une autre *Notice* de M. de Blaramberg, non moins curieuse et d'une importance plus grande, relative à des médailles d'*Olbiopolis*, dont ce savant amateur a réuni à *Odessa* même une collection infiniment plus complète que toutes celles qu'on a publiées jusqu'ici.

DE L'IMPRIMERIE DE FIRMIN DIDOT.

NOTICE

SUR QUELQUES OBJETS

D'ANTIQUITÉ,

DÉCOUVERTS EN TAURIDE DANS UN *TUMULUS*,

PRÈS DU SITE DE L'ANCIENNE PANTICAPÉE;

PAR M. DE BLARAMBERG,

CONSEILLER D'ÉTAT DE S. M. L'EMPEREUR DE TOUTES LES RUSSIES.

A PARIS,

CHEZ FIRMIN DIDOT PÈRE ET FILS,

LIBRAIRES, RUE JACOB, N° 24.

M DCCC XXII.

A SON EXCELLENCE

MONSIEUR

LE DUC DE RICHELIEU;

Hommage de respect et de reconnaissance

de son très-humble et très-obéissant serviteur,

J. DE BLARAMBERG.

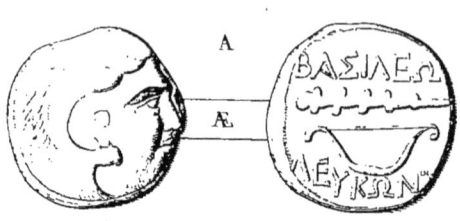

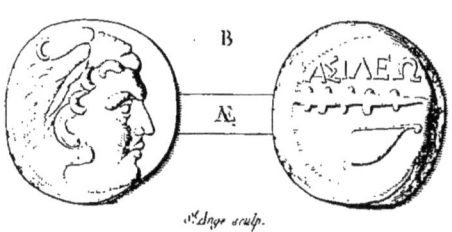

NOTICE

SUR

QUELQUES OBJETS D'ANTIQUITÉ,

DÉCOUVERTS EN TAURIDE.

S. E. M. le Comte de Langeron, Chef des gouvernements de *Kherson*, d'*Ekatérinoslaf* et de *Tauride*, vient de recevoir de *Kertsch* plusieurs objets précieux, découverts en *Tauride* dans un *tumulus* ou tombeau antique, situé à 5 werstes[1] de l'emplacement

---

1. Une werste vaut un peu plus d'un quart de lieue de France.

que devait occuper l'ancienne *Panticapée,* à une werste, en direction Nord-Ouest, du *tumulus,* connu sous la dénomination de *tertre d'or* (золотой курганъ), sur la partie la plus élevée du monticule auquel la tradition conserve le nom de montagne de Mithridate [1]. Les fragments antiques trouvés dans ce *tumulus* attestent qu'il devait renfermer les restes d'un personnage de la plus haute distinction. Il est à regretter qu'on n'ait pu réunir tous les objets qui se trouvaient dans ce tombeau; et qu'une partie de ceux qu'on est parvenu à rassembler, soient tellement oxygénés, fracturés ou dégradés, qu'il est très-difficile de déterminer au juste la qualité et l'usage de chaque pièce, sur-tout de celles dont il ne reste que de simples fragments.

Ne trouvant parmi ces objets aucune inscription, ni médaille, qui puisse nous fournir quelque lumière, et conduire à la détermination de l'époque à laquelle

---

1. C'est ici le cas de renvoyer les personnes qui s'obstinent à aller chercher le tombeau de *Mithridate* près de *Panticapée,* ou de *Nymphée,* à Plutarque, ainsi qu'à Appien, qui s'accordent à dire que le corps de ce grand homme fut envoyé par le parricide Pharnace à Pompée, qui, l'ayant trouvé à *Amisus,* le fit déposer à *Sinope* dans le tombeau de ses ancêtres, aux dépens de la république (Plutarch. *Vit. Pomp.*; Appian. *in Mithrid.*). Et quant à l'orthographe incorrecte du nom de ce roi, adoptée par bien des auteurs, l'inspection des médailles qui offrent son effigie, avec la légende : ΒΑΣΙΛΕΩΣ ΜΙΘΡΑΔΑΤΟΥ ΕΥΠΑΤΟΡΟΣ, l'a fait réprouver par les archéologues. (Note de l'auteur.)

Voy. l'excellent article que M. Saint-Martin a consacré à Mithridate, dans la *Biographie universelle,* T. XXIX, p. 176. R.-R.

ils furent déposés dans ce *tumulus*; et de simples conjectures ne constituant pas une explication satisfaisante, nous nous bornerons à observer qu'à en juger par le *Diota* ou Amphore en terre cuite, qui porte la marque imprimée ordinairement sur cette espèce de vases, offrant le nom du magistrat préposé aux métiers, tel que les Astynomes d'*Olbiopolis*, qui paraissent avoir eu cette attribution, les noms grecs d'ΕΥΑΡΧΟ(Σ) ΑΡΙΣΤΩΝ(ΟΣ) prouveraient déjà suffisamment que le *tumulus* dont il est ici question était du nombre des tombeaux grecs élevés par l'ancienne colonie *Milésienne* qui s'établit dans ces contrées bien des siècles avant notre ère[1].

En procédant, avec la circonspection convenable, à la description des morceaux qui en sont susceptibles, nous commencerons par les objets suivants :

---

[1]. Selon Étienne de Byzance, *Panticapée* avait été fondée par un fils d'Æëtès, père de Médée. Il en avait reçu la permission d'Agaëtès, roi des Scythes. Cette fondation paraît néanmoins devoir dater d'une époque bien postérieure. (Note de l'auteur.)

La tradition rapportée par Étienne de Byzance et par Eustathe, *ad Dionys. Perieg. v.* 311, doit être considérée comme purement mythologique. Lorsque les Grecs vinrent occuper ce territoire, ils y trouvèrent les Scythes établis, selon Strabon, lib. XI, p. 494; et ces Grecs, suivant le même auteur, lib. VII, p. 310, étaient des Milésiens. Mais ni Strabon, ni Pline, ni Scymnus de Chios, qui parlent aussi de cette colonie milésienne, ne nous en font connaître l'époque précise. Je l'ai rapportée par conjecture vers l'an 572 avant notre ère; voy. mon *Histoire des Colonies grecques*, T. III, p. 390. R.-R.

N° 1.

Deux fragments d'une espèce de boule creuse, et de la forme d'un grand pommeau de canne, dont la matière est une lame d'argent assez mince. L'ouvrier a représenté sur le pourtour de cette pomme, ornée de cannelures et ciselée avec art, des oiseaux dorés, du genre du *Chénalopex*[1], ou oie d'*Égypte*, signe de la tendresse paternelle.

En supposant que cette boule ou ce pommeau ait été adapté à un manche (dont il ne se trouve point de vestiges ici), cet assemblage paraîtrait avoir formé un de ces bâtons de commandement, appelés par les anciens ΒΑΚΤΗΡΙΑ, mot que Plutarque emploie dans la *vie de Thémistocle*, pour désigner le bâton d'Eurybiade; quoique ceux-ci dussent être d'une forme tout-à-fait différente; celle du nôtre étant, en quelque sorte, asiatique, mais avec un travail évidemment grec, ce que prouvent les oiseaux dont il est parlé plus haut. Quant à l'emblème de la tendresse paternelle, il ne serait point étranger au chef militaire (et peut-être en même temps civil), que semblerait devoir caractériser ici le bâton de commandement. Toutefois, d'après la position dans laquelle sont représentés les oiseaux palmipèdes dont il est ici question, ce bâton devait se porter la pomme en bas, en manière de

---

1. ΧΗΝΑΛΩΠΗΞ, de ΧΗΝ, oie, et ΑΛΩΠΗΞ, renard, en latin *vulpanser*.

masse, et constituer plutôt une espèce de *Coryné*, ΚΟΡΥΝΗ[1], avec un ornement qui pouvait former un attribut réservé exclusivement au chef, et être la marque distinctive du commandement; mais il est difficile, vu le défaut d'autres accessoires, de rien déterminer à cet égard. Les *oves* entremêlés de ces petites figures triangulaires en fer de flèche, appelées mal-à-propos langues de serpent par les anciens, et que l'on voit sur l'encadrement au bas du pommeau, attestent la fabrique grecque de cet ornement.

N° II.

Hydrion ou Amphore en terre cuite, avec les noms ΕΥΑΡΧΟ. ΑΡΙΣΤΩΝ.., sur le col du vase, c'est-à-dire: *Évarque, fils d'Ariston.*

Ce vase, dont nous avons fait mention plus haut, pourrait avoir contenu les cendres du mort; mais nous pencherions pour une opinion différente, en nous appuyant sur la découverte, faite il y a quelques années, dans un tombeau voisin de celui-ci, de treize vases du même genre, formant une espèce de pyramide creuse, qui couvrait et garantissait une urne, ou beau vase fictile, dans lequel se trouvaient des cendres. En conséquence, nous pensons que cette amphore[2] a servi à quelque libation, au moment de

---

1. Voyez plus bas, le n° III de l'explication.
2. Homère se sert de la dénomination d'amphore au lieu d'urne, en parlant du vase où les cendres de Patrocle avaient été renfer-

la cérémonie de l'inhumation du corps, et qu'elle contenait probablement le vin ou l'huile, qu'on employait à cette cérémonie, et qu'on versait ensuite dans ces vases appelés *spondéion* pour le vin, et *libéon* pour l'huile.

N° III.

Une petite statue en *électrum*, d'environ un pouce et quatre lignes de hauteur[1].

Cette statue, d'un médiocre style, devait avoir été assujettie ou adaptée probablement à un piédestal, par une sorte de clou ou de cheville de fer, passant par un tuyau ou petite colonne creuse, contre laquelle la statue est adossée. Cette colonne, sans base, ni chapiteau, est du même métal que la figure, à laquelle elle est adhérente.

Les amateurs, et sur-tout les véritables connaisseurs en fait d'antiquités, n'ignorent point combien l'explication des sujets que l'on rencontre sur les différents vases antiques parvenus jusqu'à nous, offre de difficultés : il en est de même des figures isolées,

---

mées. Il appelle l'urne, ou l'ossuaire dans lequel on avait déposé les os d'Hector, après avoir brûlé son corps, ΛΑΡΝΑΞ, mot qui signifierait plutôt, d'après Thucydide, une caisse destinée à contenir les restes d'un mort. Ces caisses, selon le même auteur, étaient faites de bois de cyprès.

1. L'or mêlé d'un cinquième d'argent recevait chez les anciens le nom d'*Électrum*. Ici la proportion de l'argent est plus forte. L'opération de la coupelle a rendu un tiers d'argent sur deux tiers d'or pur.

dont le travail, les formes et les attributs, ne réunissent point ces caractères d'identité, d'après lesquels il est permis d'exposer une opinion relativement à la déité du paganisme que doit représenter tel bas-relief, telle statue ou telle figure.

Si les décisions d'un Winkelmann, ou d'un Eckhel renfermaient quelquefois des erreurs, qui, après la mort de ces savants, ont été complètement réfutées; si Visconti lui-même s'est cru, plus d'une fois, obligé de rectifier des explications, qualifiées depuis par lui de suppositions erronées[1], la crainte de rencontrer des objections plus ou moins fondées ne doit pas nous empêcher de nous ranger, en qualité de simple amateur de la science de l'antiquité, du côté de ceux qui regarderaient cette statue comme devant représenter Hercule, plutôt que toute autre divinité, en nous fondant sur les raisons suivantes :

1. Le caractère de tête de notre statue ne s'éloigne

---

1. Visconti, dans la description des statues antiques du musée Pie-Clémentin, réfute l'opinion de Winkelmann sur le Méléagre que celui-ci voyait dans l'Antinoüs du Belvédère. Visconti prouve que c'est un Mercure.

Dans l'ouvrage que nous venons de citer, le même savant relève plusieurs de ses propres erreurs, relativement à des points établis précédemment sur des probabilités assez fortes.

La nouvelle explication de la fameuse Sardoine (Sardonyx) du cabinet de *Vienne* par Kœhler, combat victorieusement l'opinion d'Eckhel, et de tant d'autres savants, concernant le sujet représenté sur ce camée, qui n'est point l'apothéose d'Auguste.

point de celui qui convient à Hercule, figuré quelquefois imberbe, et plus souvent avec la barbe.

2. La corne qu'il tient en main, et avec laquelle Hercule est représenté sur quelques monuments, est celle qu'il arracha au fleuve Achéloüs. Peut-être cette corne représente-t-elle ici le *Rhyton*, ou vase à boire, que l'on voit souvent à Bacchus, pendant que les anciens monuments font tenir ordinairement le *Canthare* à Hercule Philopotis, ou Bibax.

Le *coryte*, ou étui de l'arc[1] suspendu sur la hanche du héros demi-dieu, est un attribut qui lui convient parfaitement. Cet étui, renfermant le carquois avec ses flèches, ainsi que l'arc, dont une partie se voit en dehors, est figuré dans les mains de Philoctète, sur une pierre gravée antique du cabinet du baron de Stosch.

Les médailles du roi du *Bosphore*, Leucon, offrent d'un côté la tête d'Hercule, et, sur le revers, l'arc scythique[2], ainsi que la massue. Le *coryte*, avec l'arc ressortant à moitié, se trouve sur le revers des monnaies des Olbiopolites, à l'effigie d'Hercule, en même temps qu'une massue de bois noueux.

3. L'espèce de masse, ou de bâton à gros bout sur lequel s'appuie notre figure, quoique d'une forme particulière, paraît néanmoins devoir représenter la

---

1. ΧΩΡΥΤΟΣ, ou ΓΩΡΙΤΟΣ, ΤΟΞΟΘΗΚΗ.
2. L'arc courbé plusieurs fois, l'arc scythique, est celui qui est le plus fréquemment donné à Hercule sur les monuments, parce qu'il avait appris à tirer de l'arc du Scythe Teutarus.

massue servant ordinairement d'arme et d'appui à Hercule, et que les anciens appelaient ΡΟΠΑΛΟΝ; celle-ci est le ΚΟΡΥΝΗ, dont Homère fait mention.

4. Quoique l'attribut le plus caractéristique de ce dieu soit la peau du lion de *Némée*, l'absence de cet attribut ne détruit point notre hypothèse. Car du moment où l'artiste aurait donné à Hercule la corne d'Achéloüs, symbole d'un des exploits ou travaux accomplis par ce héros, il n'était plus aussi nécessaire de lui en donner un autre[1].

Peut-être voudra-t-on reconnaître ici Bacchus indien, auquel la barbe, ainsi que le Rhyton, pourrait convenir, et prendre, à tout hasard, le bâton à gros bout dont il est question plus haut, pour un thyrse renversé? Dans ce cas-là, il y aurait, entre autres objections à faire, celle du costume du dieu, attendu que Bacchus indien est ordinairement représenté couvert d'une ample draperie ou manteau. Le *coryte*, de même que l'arc scythique, se voit sur le revers

---

1. Comment, en effet, les personnes peu versées dans l'antiquité, et qui ne reconnaissent point Diane sans croissant, Mercure sans caducée, Apollon sans lyre, ni Bacchus sans couronne de lierre, ou de pampres, résoudraient-elles le problème de Mercure *Sphénopogon*, ou à barbe cunéiforme? Les ouvrages qui traitent des statues antiques, en particulier ceux du docte archéologue Visconti, prouvent que l'absence de quelque attribut ne doit pas influer, jusqu'à un certain point, sur le jugement qu'un antiquaire peut hasarder sur une statue nouvellement découverte, d'après son caractère et d'autres indices dont l'étude de l'antiquité peut lui avoir appris à saisir l'ensemble ou à former la combinaison.

des médailles d'*Olbia* et de *Panticapée*, à l'effigie du dieu Pan, suivant et compagnon d'armes de Bacchus indien, et ce symbole, d'ailleurs insolite sur les vases et les monuments qui représentent le conquérant des Indes, pourrait néanmoins lui avoir été donné comme attribut dans ces contrées, aussi bien qu'au dieu Pan; au sujet de quoi nous citerons une médaille de *Phanagorie* que nous possédons, et qui offre la tête de Bacchus imberbe, avec le *coryte* au revers [1]. Et quant à la colonne contre laquelle est appuyée notre statue, si toutefois ce n'est pas un simple tuyau, elle convient aussi bien à Bacchus qu'à Hercule. Ces dieux étaient du nombre des divinités qui avaient un culte commun. La ressemblance frappante qui existait entre ces deux héros est exprimée dans une épigramme de l'*Anthologie*, dont voici la traduction :
« Tous deux naquirent dans *Thèbes* ; tous deux
« furent guerriers; tous deux sont fils de Jupiter;
« l'un s'est signalé avec le thyrse, l'autre avec la

---

1. Le culte de Bacchus parvint dans le *Bosphore* par Phryxus, qui l'avait introduit de la *Béotie* en *Colchide*. Ce Bacchus, qui venait des Arabes aux Phéniciens, était vraisemblablement originaire d'*Égypte*, et fut d'abord révéré sous la forme d'un taureau; ce qui explique les médailles de *Panticapée* avec l'effigie du dieu Pan, et au revers la tête d'un taureau. (Note de l'auteur.)

On pourrait, avec tout autant de vraisemblance, voir dans ce symbole du *taureau* une allusion au nom des *Taures*, peuple scythe, fixé au voisinage de *Panticapée*. On sait combien ces sortes d'allusions étaient familières aux Grecs et se rencontrent fréquemment sur leurs médailles. R.-R.

« massue; l'un et l'autre ont placé des stèles (des co-
« lonnes) au terme de leurs exploits; l'un est vêtu
« d'une peau de lion, l'autre d'une peau de panthère;
« l'un fait résonner les cymbales, l'autre les crotales;
« Junon est également leur ennemie; tous deux, après
« avoir été épurés par le feu, se sont élevés de la
« terre au séjour des immortels. »

Il reste à expliquer, pourquoi notre statue porte l'*anaxyris* scythe.

D'abord il est constant que les mœurs et le langage de plusieurs des colonies grecques fondées sur les rives septentrionales du *Pont-Euxin* se ressentaient sensiblement du voisinage des nations barbares chez lesquelles elles s'étaient établies, et avec qui elles finirent par contracter des alliances[1]. Les Grecs, ou, pour mieux dire, les habitants gréco-scythes de *Panticapée*, pouvaient avoir adopté le costume scythe, aussi bien que les Olbiopolites, qui portaient l'*anaxyris;* et nommément le guerrier Callistrate dont parle Dion Chrisostôme[2], et avoir prêté une partie de ce costume aux divinités dont le culte était en honneur chez eux [3].

---

1. Le roi scythe, Scylès, était fils d'une Grecque, ainsi que le sage Anacharsis.

2. Ovide décrit ce vêtement des habitants du *Pont*, dans ses *Tristes*.

3. On pourrait objecter que l'époque à laquelle se rapporte l'usage de cet habillement scythique, selon Dion Chrysostôme, est bien postérieure à celle que l'on doit supposer au monument en question; et que, d'ailleurs, rien ne prouve que ce mélange de Grecs

**

On voit sur un des beaux vases antiques de la collection de M. Durand, représentant plusieurs anciens mythes héroïques, deux amazones vêtues d'anaxyrides[1], composées de peaux de différentes couleurs, coupées en lanières et cousues ensemble, formant un vêtement appliqué exactement sur les cuisses, en manière de pantalon, comme celui de notre statue; au bout duquel s'adaptait une chaussure composée d'un simple chausson de cuir attaché avec une courroie assujettie par une fibule que la position des pieds de la figure qui fait le sujet de cette dissertation empêche d'être apparente.

Enfin, en admettant la tradition d'après laquelle Hercule aurait eu pour maître dans l'art de tirer de l'arc un Scythe, cette circonstance pourrait expliquer la représentation de ce demi-dieu avec un vêtement emprunté du costume scythe, dans une contrée dont les rois, selon Hérodote, descendaient de Scythès, fils d'Hercule.

---

et de Scythes ait effectivement eu lieu à *Panticapée*, comme à *Olbiopolis*, surtout dans des temps un peu anciens. R.-R.

1. Une de ces Amazones est la même Hippolyte, sœur d'Orythie, de laquelle Hercule prit la ceinture pour la rançon de son autre sœur Mélanippe : elle porte une espèce de tunique courte et fort étroite, ornée de petites étoiles d'or dans le genre de celles que l'on voit sur l'anaxyris de notre statue. Cet ornement se voit aussi sur une chlamys que porte Oreste. (Note de l'auteur.)

Ce vase effectivement très-beau appartient maintenant à M. le comte de Pourtalès, dont le cabinet est une de nos plus belles collections particulières. R.-R.

(19)

La confusion, résultat nécessaire de ce mélange de familles et d'individus qui finirent par constituer des peuples et des tribus semblables aux *Callipides* d'Hérodote et aux *Mixellins*, espèce de métis, dont il est question dans une inscription d'*Olbiopolis*, a bien pu s'étendre jusqu'aux héros dont les Grecs avaient transmis les exploits aux Barbares, et même jusqu'à leurs dieux [1].

Achille scythifié, si l'on peut s'exprimer ainsi, sur les bords de l'*Euxin*, et sur les rives de l'Hypanis [2];

---

1. Les Amazones, dont l'histoire se rattache à celle de ces contrées, réunissaient en un seul culte celui d'*Artémis*, *Diane*, celui de la déesse persane et asiatique, aux nombreuses mamelles, de la grande déesse d'*Éphèse*, et celui de la *Britomartis* des Crétois. Il y avait encore la *Diane Orthia*, d'origine scythique. Ce fut la statue de cette déesse qu'Oreste enleva de la *Tauride*. Elle était honorée sous ce même nom à *Lacédémone*.

2. Les Olbiopolites avaient érigé deux temples à Achille, selon Dion le rhéteur; et nous possédons deux marbres d'*Olbia* avec des inscriptions où il est question de ce héros sous la dénomination de chef ou de dominateur du *Pont*. Ces inscriptions commencent ainsi : ΑΓΑΘΗΙ ΤΥΧΗΙ ΑΧΙΛΛΕΙ ΠΟΝΤΑΡΧΗΙ.

On trouve dans Alcée : ΑΧΙΛΛΕΥ! ΟΣ ΓΑΣ ΣΚΥΘΙΚΑΣ ΜΕΛΕΕΙΣ... *Achille ! qui commandez (régnez) sur la Scythie !*

L'île de *Leucé*, près des bouches du Danube, était consacrée à Achille, selon Scymnus de Chio. Le *périple* d'Arrien contient la description du temple d'Achille que l'on voyait de son temps à *Leucé*. *

* Nous venons de publier une de ces inscriptions à *Achille-Pontarque*, dans nos *Antiquités du Bosphore* : le voyageur anglais, Clarke, en avait précédemment fait connaître une commençant par la même invocation. R.-R.

Thoas, ancien roi de *Lemnos*, et depuis chef des barbares tauriens; enfin Hercule phénicien, Mélic-Cart, confondu sur les bords du Tyras avec l'Hercule delphinæus : n'en voilà-t-il pas assez pour nous familiariser avec un Hercule gréco-scythe, ou demi-barbare[1], figuré avec l'*anaxyris*, et l'espèce d'habit court et étroit, bordé de fourrure, que porte notre statue à l'instar de l'amazone Hippolyte?

Nous avons déja parlé de la liaison qui existait entre les aventures d'Hercule et l'histoire des Scythes; nous allons citer un de ses exploits qui se rapporte directement aux temps fabuleux de l'histoire du *Bosphore-Cimmérien*.

On trouve dans Strabon, liv. XI, que de son temps il existait à *Phanagorie* un temple consacré à Vénus *trompeuse*, ΤΗΣ ΑΠΑΤΟΥΡΟΥ, surnom qui avait été donné à cette déesse à cause de l'aventure suivante : Assaillie par les géants, Vénus se vit contrainte à employer la ruse; elle appela Hercule à son secours, et le cacha dans un antre; ayant ensuite attiré les géants, l'un après l'autre, dans cette caverne, ils furent tous tués par Hercule[2].

Les Scythes eux-mêmes, selon Hérodote, avaient

---

1. D'Hancarville, dans ses *Explications d'antiquités*, décrit une idole de *Mars*, qu'il désigne comme originaire de la *Tauride*, et qui porte une de ces cuirasses à larges écailles, faites de corne de pied de cheval, qui, selon Pausanias, constituaient l'armure des Sarmates.

2. Un fragment d'inscription où se trouve cette qualification de

adopté le culte de différentes divinités du paganisme, du nombre desquelles était Hercule. Ils appelaient Vesta, Tabita; Jupiter, Papée; Neptune, Thamimazades, etc.

N° IV.

Plusieurs fragments d'un lavoir de bronze.

Ces vases servaient aux purifications ou lustrations usitées dans l'initiation aux mystères de Bacchus, initiation qui devait procurer le bonheur éternel à ceux qui l'avaient reçue; l'ablution des mains était un des premiers rites des initiations. Les habitants de la *Grande-Grèce* plaçaient des vases semblables, ou d'un usage analogue, dans leurs tombeaux, pour les rendre plus sacrés, et pour servir de témoignage que les morts avaient mérité ce bonheur éternel promis aux initiés.

N° V.

Un cratère ou sorte de bassin de bronze, de la forme d'un *aquiminarium* ou réservoir d'eau lustrale, et dans lequel se trouvaient des os de bélier ou de brebis. Ce réservoir devait apparemment avoir été employé au *Criobolium*, ou sacrifice expiatoire d'un bélier, dont le prêtre recevait le sang sur ses vête-

---

Vénus, a été trouvé au *Bosphore*, publié par M. de Koehler, et reproduit par nous dans nos *Antiquités grecques du Bosphore*.
R.-R.

mens blancs et sur son visage ; ce qui constituait un baptême de régénération, après lequel le mort était reçu dans le séjour de la félicité. Le *Taurobolium* était ordinairement offert à Cybèle, et le *Criobolium* à Atys[1].

N° VI.

Un grand anneau ou cercle d'*électrum*, d'environ 19 pouces de diamètre. Cet anneau est orné, à ses deux extrémités, de têtes de lion, assez bien travaillées, et entre lesquelles il reste un petit intervalle vide.

La forme et la dimension de cet anneau l'assimileraient à un de ces colliers votifs que les anciens consacraient à différentes divinités, et qu'ils suspendaient dans leurs temples[2]. Au reste, en admettant la supposition très-vraisemblable que cet ornement constituât le collier du mort déposé dans le *tumulus*, nous observerons que, bien qu'il ne soit pas probable qu'on ait pu parvenir, malgré la ductilité du métal qui com-

---

[1]. Un os de bœuf, ou plutôt de taureau, trouvé dans le même tombeau, prouverait que le *Taurobolium*, qui précédait ordinairement le *Criobolium*, avait eu lieu lors des obsèques du mort. Hérodote nous apprend que les Scythes n'offraient de sacrifices qu'à la seule Vesta. La grande Vesta était, chez les Grecs, la même que Cybèle, ou la terre.

[2]. Les Olbiopolites offraient fréquemment à Apollon des colliers d'or : plusieurs de leurs inscriptions portent..... ΑΝΕΘΗΚΑΝ ΣΤΡΕΠΤΟΝ ΧΡΥΣΕΟΝ. Nous possédons ces inscriptions dans notre collection des antiquités d'*Olbiopolis*.

pose la matière de ce cercle, à l'étendre et à le déployer assez par les deux extrémités, pour l'adapter au cou d'un homme sans le fausser ; d'un autre côté, sa mesure étant combinée de manière à permettre de le faire passer facilement par-dessus la tête, il serait superflu de chercher d'autre destination que celle d'un collier, d'autant plus que l'on rencontre encore aujourd'hui, en *Égypte*, des colliers d'argent d'une semblable forme, que portent quelquefois les femmes des *fellahs* ou cultivateurs arabes [1].

Ce cercle diminue progressivement de volume, depuis le milieu jusqu'aux deux extrémités, à l'instar des *peribrachionia* ou *armillæ* trouvés dans les ruines d'*Herculanum*, et dont nous possédons plusieurs variétés.

N° VII.

Deux péricarpes ou bracelets en or, sur lesquels on voit deux rainures, avec une séparation au milieu. Ces deux pièces sont d'une fabrique barbare.

N° VIII.

Une centaine de pointes de flèches, de métal, qui paraissent avoir appartenu à des flèches, déposées peut-être avec le carquois du mort, dans sa sépulture.

---

[1]. Nous avons publié nous-mêmes quelques-unes de ces inscriptions, qui constatent la consécration de *colliers d'or* à Apollon, dans nos *Antiquités grecques du Bosphore*, planche V, n. 3. R.-R.

N° IX.

Quatre fragments, exactement pareils, dont la réunion paraît avoir formé la poignée d'une épée. Chacun de ces fragments est composé d'une feuille d'*électrum* adaptée à une plaque de fer, et sur laquelle sont tracées, ou plutôt imprimées assez grossièrement, en relief, des espèces de losanges, entre deux encadrements.

N° X.

Des fragments d'*électrum*, précieux, tant sous le rapport du métal, que sous celui de l'armure antique qu'ils devaient composer.

Ces fragments offrent des feuilles très-minces d'*électrum*, sur lesquelles sont figurées des écailles ; ces feuilles devaient être ajustées, à en juger d'après les petits trous ménagés au bord de chacune de ces pièces, à une cuirasse de cuir : des écailles ou petites lames du susdit métal, doublées de fer ou d'acier, avec trois ou quatre petits trous sur chaque, au moyen desquels elles pouvaient de même avoir été adaptées à une cuirasse, ΘΩΡΑΞ, peut-être aussi à un baudrier ou à des courroies appartenantes à la bride d'un cheval, ainsi qu'un grand nombre de petits boutons ; à l'égard de quoi, néanmoins, il est impossible de rien déterminer d'après la seule inspection de ces pièces, sans avoir vu comment elles étaient disposées dans le tombeau où elles furent découvertes. On peut joindre ici plusieurs petites plaques triangulaires de la forme connue chez les modernes sous la dénomination de *dents de loup*, sur lesquelles sont figurées des *palmettes* antiques, assez bien travaillées.

N° XI.

Plusieurs fragments, ou plutôt parcelles d'ornements en or battu ou soufflé, qui peuvent avoir enrichi les draperies ou vêtements renfermés dans le tombeau.

N° XII.

Les ossements humains trouvés avec les objets que nous venons de décrire, et qui offrent, entre autres, deux os *fémur*, dont l'un est rompu en deux morceaux, et deux *tibia* entiers, pourraient avoir été déposés dans une caisse, du genre de celle dont il a été question plus haut[1], à laquelle appartenaient peut-être deux anses en bronze que l'on remarque parmi le reste des fragments isolés en argent hâché et à moitié oxydé, etc., dans l'explication desquels nous croyons pouvoir nous dispenser d'entrer; en nous réservant d'étendre et de modifier nos conjectures, d'après les recherches ultérieures qui pourraient être faites dans le *tumulus* qui recélait ces antiquités.

---

[1]. Voyez la note 2, page 11. L'usage d'inhumer les morts est le plus ancien; celui de les brûler, quoique postérieur, est aussi de la plus haute antiquité; ce dernier est attribué à Hercule. Kirchmann, *de Funer.*

Les squelettes que l'on découvre dans les *tumulus* près de *Kertsch* sont ordinairement couchés sur une saillie ou avance, taillée dans le roc, et quelquefois construite en pierre de taille, selon le sol sur lequel se trouve le tombeau. Cette avance forme une sorte de banc, ou, pour mieux dire, de couche, couverte de planches d'une couleur rougeâtre, dont la vétusté empêche de bien discerner la qualité, et sur lesquelles est étendu le corps, recouvert de pareilles planches, mais plus courtes et plus minces.

Les sépultures des Panticapéens découvertes sous les tertres funéraires de la plaine, ainsi que celles que l'on rencontre dans les vignobles situés au bord de la mer, sont construites en pierre de taille, et n'ont guère plus de deux *archines*[1] de profondeur. Celles qui sont creusées dans la partie élevée, présentent des caveaux taillés dans le roc et bouchés hermétiquement avec une grande pierre. Ces caveaux, par leur structure et leurs accessoires, nous retracent en quelque façon les sépulcres de rois près de *Jérusalem*, où les cadavres sont de même placés sur des couches ou des avances de pierre.

On ne peut assez regretter que les monnaies antiques trouvées en différents temps dans les *tumulus* de *Kertsch*, aient été dispersées. Recueillies avec soin, classées méthodiquement et convenablement décrites,

---

[1]. L'*archine* vaut environ deux pieds et deux pouces de France.

ces médailles auraient pu jeter quelque lumière sur une des époques les plus intéressantes de l'histoire ancienne du *Bosphore-Cimmérien*, couverte encore, sous bien des rapports, d'épaisses ténèbres. L'histoire des rois du *Bosphore* de Diodore de Sicile, dont il manque malheureusement une partie, offre une lacune d'environ 170 ans, depuis le règne de Spartocus IV, jusqu'au dernier Leuconide, Paerisade, qui céda son trône à Mithridate-Eupator.

Une médaille du roi du *Bosphore*, Leucon, en bronze, et une autre de Philippe de *Macédoine*, son contemporain, en or, trouvées, il y a quelques années, dans des *tumulus*, la première près de *Kertsch*, et la seconde près de *Phanagorie*, attestent que les sépultures dans lesquelles ces monnaies furent découvertes ne pouvaient dater d'une époque plus reculée que celle du règne de ces rois.

Il est même assez probable que la médaille de Leucon, dont nous venons de parler, fut déposée, pendant son règne, dans le tombeau où elle a été trouvée il y a quelques années. Le *tumulus* qui renfermait les objets qui font le sujet de cette dissertation pourrait dater de la même époque, ainsi que plusieurs autres tertres funéraires voisins, dans lesquels on a découvert les indices les moins équivoques de l'origine grecque de ces monuments, qui prouvent cependant en même temps que les Panticapéens, dans leurs funérailles, devaient avoir adopté une partie des usages des Scythes, avec lesquels ils vivaient, à en juger par les os de cheval que l'on trouve quelquefois dans leurs tombeaux.

Leucon avait, suivant Polyen, incorporé dans son armée, des Scythes qu'il distribuait dans les combats, derrière les rangs des troupes Bosphoriennes, avec ordre de charger celles-ci si elles venaient à plier. Dans le cas où la statue dont nous avons fait la description sous le N° III ne serait point celle d'une déité, elle pourrait offrir l'image d'un de ces Scythes, que caractériseraient le costume et le *coryte* avec lesquels elle est figurée, ainsi que le *Rhyton* ou vase à boire, en forme de corne, qu'elle tient en main, et qui peut-être désignerait le vase ou la coupe d'or que Scythès, premier roi de *Scythie*, fils d'Hercule, reçut de son père, selon Hérodote, et dont il transmit l'usage aux Scythes, qui portaient une coupe attachée à leur ceinture [1].

La figure d'un Scythe armé, trouvée dans la sépulture d'un grec, avec des attributs et des accessoires

---

[1]. Hérodote ne décrit point la forme de ce vase, mais il n'est pas improbable qu'il ait eu la forme d'un *Rhyton*, vu que Ctésias nous apprend que les Paphlagoniens et les Thraces, ainsi que d'autres peuples de l'antiquité, buvaient dans des cornes de bœuf, d'après lesquelles on fit dans la suite des vases de terre cuite et de métal. Les centaures étaient représentés, selon Athénée, buvant dans des cornes d'argent. On voit dans le musée de *Copenhague* des cornes ou *Rhytons* antiques en or, du poids de neuf livres; ces vases, découverts dans l'ancienne *Chersonèse-Cimbrique*, nous ramèneraient aux usages des peuples qui ont habité le *Bosphore-Cimmérien*, et offriraient des rapports avec notre statue.

qui semblent caractériser le commandement, ou le haut rang de ce dernier personnage, pourrait fournir matière à bien des conjectures et donner lieu à des rapprochements dont le développement ne saurait être qu'infiniment intéressant.

En nous bornant pour le moment à indiquer ces points de rapprochement, nous nous en référons d'avance à la sagacité et aux lumières supérieures de notre savant ami, M. le Conseiller-d'État de Kœhler, inspecteur du musée de la bibliothèque impériale de l'*Ermitage,* relativement à des explications plus étendues et plus satisfaisantes que celles que nos faibles moyens ont pu nous permettre de présenter dans ce léger aperçu.

Les conjectures que nous avons exposées plus haut se sont en quelque façon réalisées par l'envoi que M. Patinioti, commandant de la flottille en station devant *Kertsch,* vient de faire à M. le comte de Langeron (à la suite des autres objets d'antiquité décrits dans cette notice, et dont on lui doit la découverte,) de plusieurs médailles, dont trois trouvées depuis dans le même *tumulus,* à ce qu'il marque et trois autres dans un tertre funéraire voisin. L'époque de laquelle date la dernière de ces trois médailles prouve qu'elle n'a rien de commun avec les autres, ni avec le *tumulus* dont il est question. L'une est de Cotys I, roi du *Bosphore-Cimmérien,* et offre l'effigie de l'empereur Claude et celle d'Agrippine jeune; l'autre est de Sauromate II, avec une couronne de chêne et les lettres MH sur le revers; la troisième est du bas-empire, avec une figure indistincte d'empereur romain, accompagnée de signes du christianisme, et sur le revers la lettre M. Cette monnaie fruste peut être rapportée au sixième siècle de notre ère, par conséquent à près de cinq siècles plus tard que les deux premières.

Celles trouvées dans le tombeau même sont les suivantes :

1. Une petite médaille autonome des Panticapéens, avec une tête casquée, et, sur le revers, une proue de vaisseau; au dessous, ΠΑΝ.

2. Une médaille tellement dégradée, qu'il n'est pas possible de discerner la moindre partie des types figurés sur les deux faces de cette monnaie.

3. Une médaille du roi Leucon avec la tête d'Hercule couverte de la peau de lion; et, au revers, une massue et l'arc scythique, avec la légende ΒΑΣΙ-ΛΕΩΣ.... Le nom est effacé; mais comme cette médaille est exactement pareille à celle que nous possédons, il est aisé de se convaincre de l'identité de ces deux monnaies en les confrontant; elles sont représentées sous les lettres A et B, sur la vignette qui accompagne cette notice. La tête d'Her-

cule est du plus beau style et d'une parfaite conservation [1].

La planche lithographiée qui suit, offre la représentation des objets décrits plus haut sous les N°ˢ I, II, III, V et VI.

---

[1]. Dans le cas où ce seraient effectivement les trois premières médailles, qui auraient été découvertes, (ainsi que vient de nous l'assurer un témoin oculaire, digne de foi,) dans le tombeau qui contenait les objets que nous avons décrits ici, et non les dernières, les monnaies de Cotys I et de Sauromate II rapprocheraient l'époque de laquelle il pourrait dater, d'environ quatre siècles : vu que le roi Leucon était contemporain de Philippe de *Macédoine*, et que le règne de Cotys I et celui de Sauromate II se rapportent au milieu du premier siècle de notre ère et au commencement du second.

D'après cette dernière donnée, la construction de notre *tumulus* pourrait coïncider avec le règne de l'empereur Trajan, auquel, selon Pline, Sauromate II envoya une ambassade.

FIN.

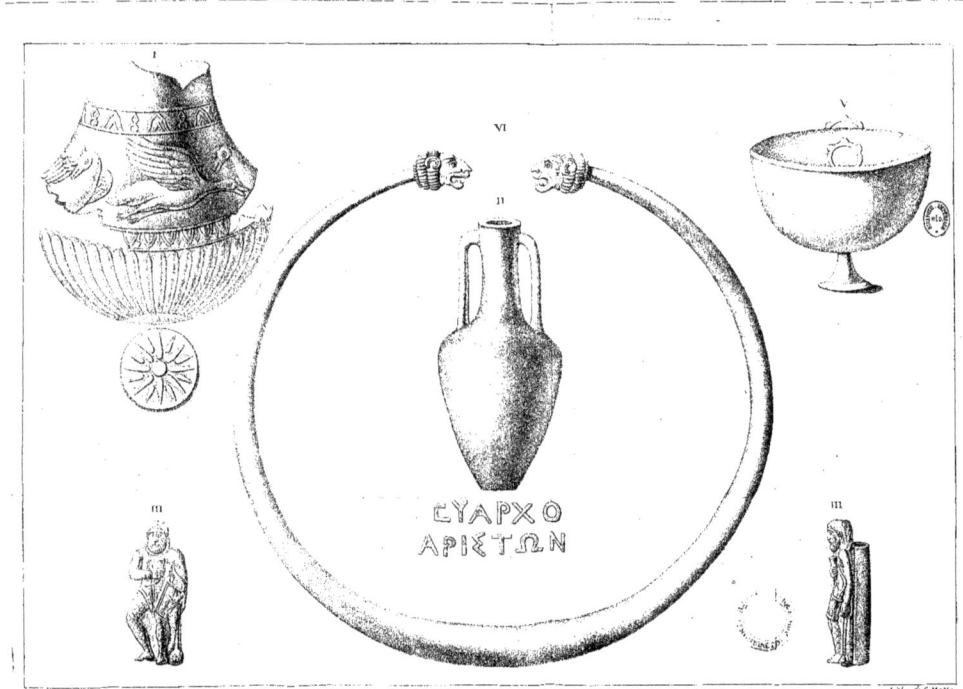

www.ingramcontent.com/pod-product-compliance
Lightning Source LLC
Chambersburg PA
CBHW060723050426
42451CB00010B/1588